생각을 여는

처음탄탄
한국사

03

후삼국 시대와
고려 전기

생각을 여는
처음탄탄
한국사

03
후삼국 시대와
고려 전기

김현숙 글 | 김효주 그림

스푼북

차례

01 신라가 다시 셋으로 나뉜 이유는? _7

02 후삼국이 서로 힘을 겨루던 시대는 어떤 모습이었을까? _13

03 왕건이 다스린 고려는 어떤 모습이었을까? _21

04 광종이 과거로 관리를 뽑으려 했던 이유는? _27

05 최승로의 개혁안에는 어떤 내용이 들어 있을까? _33

06 고려는 거란의 침입을 어떻게 물리쳤을까? _39

07 왕자가 스님이 되었다고?　　　_47

08 귀족들이 대대로 귀족일 수 있었던 이유는?　　　_53

09 벽란도에 모인 상인들은 어디서 왔을까?　　　_59

10 고려 시대에도 돈을 만들어 썼다고?　　　_67

11 기와도 청자로 만들었다고?　　　_73

12 이자겸과 묘청이 난을 일으킨 이유는?　　　_81

13 무신이 정권을 잡았다고?　　　_87

14 농민과 천민은 왜 봉기를 일으켰을까?　　　_95

· 연표 _ 102
· 찾아보기 _ 104
· 사진 저작권 _ 106

01

신라가 다시 셋으로 나뉜 이유는?

"소식 들었나? 위쪽에 새로운 나라가 세워졌다고 하던데?"
"신라 왕족이라던데 애꾸눈을 한 사람이 세웠다고 하더군."
신라가 혼란스러운 틈에 새로운 나라가 세워졌어. 이 나라 이름은 고구려를 잇는다는 뜻의 '후고구려'였지.
후고구려를 세운 사람은 누구일까? 그 후 어떤 일이 일어났을까?

삼국이 통일된 지 약 200년이 지났어. 이때 신라는 안팎으로 점점 흔들리고 있었지. 진골 귀족들은 권력 다툼에 정신이 팔렸고, 왕은 나랏일을 제대로 돌보지 않고 사치를 일삼았지.

엎친 데 덮친 격으로 큰 흉년이 들어 백성의 삶은 몹시 고달파졌어. 그런데도 당시 왕이었던 진성 여왕은 나 몰라라 하며 계속 세금을 내라고 백성을 쥐어짰지. 화가 난 백성들은 곳곳에서 무기를 들고 일어났어.

신라의 왕과 귀족들이 백성의 생활을 돌보지 않는 동안 지방에서는 새로운 세력이 차근차근 힘을 키우고 있었어. 이들은 군사력과 경제력을 발판 삼아 마치 왕처럼 각 지역을 다스렸지. 이 사람들을 '호족'이라고 해. 대표적인 호족이 후백제를 세운 견훤과 후고구려를 세운 궁예야.

후백제를 세운 견훤은 원래 신라 서쪽 해안가를 지키던 군인이었어. 어렸을 때부터 몸집이 크고 힘이 엄청나서 호랑이 젖을 먹고 컸다는 이야기가 퍼지기도 했대. 견훤은 군사를 모아 무진주(광주)를 점령하고 때를 노렸어. 몇 년 뒤, 견훤은 완산주(전라북도 전주)를 도읍으로 삼고 호족 세력들을 모아 옛 백제를 부흥시키겠다는 뜻에서 '후백제'라는 나라를 세웠어. 후백제는 전라도와 충청도, 경상도 서쪽 일대를 중심으로 세력을 떨쳤지.

후고구려를 세운 궁예는 애꾸눈이었다고 해. 전해지는 이야기에 따르면 궁예는 원래 신라의 왕자였대. 그런데 태어나자마자 궁궐에서 버림받았지. 궁예가 태어났을 때 신라를 망하게 할 것이라는 점괘를 받았거든. 10살이 될 무렵 궁예는 절에 들어가 승려가 되었어. 그리고 어른이 된 후에는 힘센 호족의 부하로 들어가 많은 공을 세웠지. 차근차근 힘을 기른 궁예는 마침내 901년, 송악(개성)을 도읍으로 삼고 후고구려를 세웠어. 이후 도읍을 철원으로 옮기고 나라 이름을 태봉으로 바꾸었지.

후백제와 후고구려가 세워지면서 신라의 영

▲ 견훤산성
견훤이 쌓았다고 해서 견훤산성으로 불려. 경상북도 상주에 있어.

토는 몹시 쪼그라들었어. 한때 한반도를 주름잡았던 신라는 오늘날 경상도 지역만 겨우 다스리는 이빨 빠진 호랑이가 되었지. 한반도는 다시 후고구려, 후백제, 신라 세 나라로 나뉘게 되었어. 이들 세 나라가 통일을 위해 치열한 경쟁을 펼치며 바야흐로 후삼국 시대가 시작되었지.

▲ 후삼국의 영역

생각 톡톡

호족은 누구일까?

호족은 신라 말 지방에서 새롭게 성장한 세력을 말해. 이들은 각 지역에 튼튼한 성을 쌓고 자신들을 성주 또는 장군이라고 부르며 마치 왕처럼 백성들을 다스렸지.

그렇다면 어떤 사람들이 호족이 되었을까? 먼저 중앙의 왕권 다툼에서 밀려난 진골 귀족이 있어. 또 원래 그 지방을 다스리던 촌주도 있었지. 장보고처럼 해상 무역으로 엄청나게 많은 돈을 벌어들이며 호족이 된 사람도 있었어. 후백제를 세운 견훤처럼 신라에서 벼슬을 했던 사람도 호족이 되었지.

촌주
신라의 지방 행정 단위인 촌(村)의 우두머리야. 촌주는 조정에서 파견하지 않고 그 지역의 유력자를 임명했지.

우리도 지역에서는 왕 같은 존재야.

후삼국이 서로 힘을 겨루던 시대는 어떤 모습이었을까?

"아버지, 부디 승리하고 돌아오세요."
민찬이와 어머니는 전쟁터로 나가시는 아버지를 배웅했어. 민찬이는 마음속으로 아버지가 무사히 돌아오시길 간절히 빌었지. 민찬이 아버지는 어떤 전투에 나간 걸까?

후고구려를 세운 궁예는 후삼국 중 가장 넓은 땅을 차지하며 경쟁에서 앞서 나가는 것처럼 보였어. 하지만 머지않아 쫓겨나는 신세가 되었지. 한껏 거만해진 궁예가 신하들을 괴롭히며 함부로 목숨을 빼앗았거든. 나랏일도 내팽개쳤지. 참다못한 신하들은 궁예 대신 궁예의 부하였던 왕건을 왕으로 모셨어.

왕건은 송악을 도읍으로 삼고 나라 이름을 '고려'로 정했어. 그리고

후백제, 신라와 힘을 겨루었지.

후백제의 견훤은 신라를 자주 침략하며 세력을 넓혀 갔어. 이때 신라는 후백제의 공격을 막아 낼 힘이 부족했어. 그래서 신라는 고려와 가까이 지내며 의지했지.

927년, 견훤은 신라의 수도 금성(경상북도 경주)을 공격했어. 기세등등한 후백제군 앞에 신라는 맥없이 무너졌어. 견훤은 당시 신라를 다스리던 경애왕을 붙잡아 죽이고 새롭게 경순왕을 허수아비 왕으로 세웠지.

견훤이 신라를 공격했다는 소식에 고려의 왕건은 바삐 군대를 꾸려 신라를 돕기 위

▲ 고려 건국 초의 영토

▲ 경주 포석정지
신라 왕과 귀족들이 잔치를 즐기던 곳이야. 《삼국사기》는 경애왕이 이곳에서 잔치를 벌이다 견훤에게 붙들려 죽임을 당했다고 전하고 있지.

해 나섰어. 민찬이 아버지는 이때 고려군으로서 전쟁에 나간 거야.

후백제군과 고려군은 공산(대구)에서 맞붙었어. 후백제군은 부랴부랴 내려온 고려 군대에 거센 공격을 퍼부었어. 고려군은 열심히 싸웠지만 후백제군에 밀려 크게 패했지. 많은 병사와 장수가 목숨을 잃었고, 왕건도 겨우 살아서 도망쳐 나왔어. 기세를 탄 후백제는 고려를 몰아붙였지.

두 나라의 싸움은 여기서 끝나지 않았어. 몇 년 뒤 고창(경상북도 안동)에서 맞붙었지. 처음에는 후백제군이 유리해 보였어. 하지만 전투가 계속 이어지면서 고려가 유리해지기 시작했지. 이 지역의 호족들이 고려 편에 선 거야. 덕분에 왕건은 후백제군을 크게 물리쳤어. 그 후 더 많은 호족들이 왕건에게로 모여들었지.

얼마 지나지 않아 후백제에 큰일이 생겼어. 견훤이 넷째 아들 금강에게 왕위를 물려주려 하자 첫째 아들 신검이 반란을 일으킨 거야. 신검은 금강을 죽이고 왕위를 차지했어. 그리고 아버지를 금산사라는 절에 가두었지.

금산사에 갇힌 견훤은 감시가 느슨해진 틈을 타 고려로 도망쳤어. 왕건은 한때 적이었던 견훤을 너그럽게 받아들이고 살 곳을 마련해 주었어. 왕건의 관대함에 견훤은 크게 감동했지.

935년, 신라의 경순왕은 기울어져 가는 나라를 더는 다스릴 수 없다고 생각했어.

"나라의 운이 다했구나. 이제 고려에 신라를 맡겨야겠다."

경순왕은 왕건에게 항복 문서를 보냈어. 왕건은 경순왕을 반기며 자신의 큰딸을 경순왕에게 시집보냈지. 이로써 고려는 삼국 통일을 눈앞에 두게 되었어.

1년 뒤, 견훤은 왕건에게 함께 신검을 비롯해 자신을 왕위에서 쫓아낸 사람들을 벌주자고 청했어. 견훤이 쫓겨난 뒤로 후백제는 빠른

▲ 고려의 후삼국 통일

속도로 쪼그라들고 있었지.

왕건은 지금이야말로 후백제를 정복할 기회라 생각했어. 그래서 군대를 이끌고 후백제를 공격했단다.

후백제군은 고려군의 공격에 허겁지겁 달아났어. 936년, 결국 신검은 왕건 앞에 무릎을 꿇고 고려에 항복했어. 한편 이에 앞서 925년 발해가 멸망했어. 발해의 세자 대광현을 비롯해서 수많은 유민들이 새로운 살 곳을 찾아 남쪽으로 내려왔지. 왕건은 이들을 따뜻하게 맞아 주었어.

이로써 왕건은 후삼국 시대를 끝내고 마침내 삼국을 통일하게 되었지. 왕권은 왕위에 오른 뒤 개성에 궁궐을 짓고 도읍으로 삼았어. 이때부터 개성은 개경으로 불렸지.

왕건이 후삼국을 통일할 수 있었던 비결은?

 왕건은 경쟁자였던 후백제의 견훤과 다른 점이 있었어. 바로 신라 왕실을 함부로 대하지 않았다는 거야. 견훤이 사사건건 신라를 업신여기며 왕을 죽이고 수도를 약탈한 반면, 왕건은 늘 신라 왕실을 존중했지. 그래서 결정적인 순간 신라의 호족들은 왕건을 선택했어.

 견훤이 아무리 뛰어난 영웅이라 해도 견훤과 후백제군이 금성에서 벌인 학살과 약탈은 호족들이 보기에 너무 지나쳐 보였어. 반면 전투에서 패배하기는 했지만, 왕건은 신라가 위기에 빠지자마자 서둘러 군대를 보내 주었어. 이러다 보니 호족들은 자기 나라를 철저하게 짓밟은 견훤보다는 왕건에게 더 마음이 갈 수 밖에 없었지.

 왕건은 몹시 너그러워서 자신에게 항복해 오는 사람은 누구든지 받아들였어. 한때 고려에 엄청난 피해를 주었던 견훤마저도 기꺼이 받아들였지. 발해가 멸망했을 때

▲ 왕건 청동상

▲ 왕건의 무덤
개성에 위치한 왕건의 무덤 현릉이야.

생각 톡톡

도 발해 유민을 따뜻하게 반기고 발해 왕자에게 왕씨 성을 내려 주기도 했어. 왕건의 이러한 포용력이 후삼국을 통일할 수 있었던 가장 큰 비결이었던 거야.

왕건이 다스린 고려는 어떤 모습이었을까?

"무슨 일이 있길래 마을 사람들이 저렇게 기뻐하는 거예요?"
"앞으로 내야 할 세금을 10분의 1로 줄여 준다지 뭐니."
후삼국을 통일한 왕건은 나라의 세금을 줄이겠다고 선언했어. 이 소식에 개똥이네 마을 사람들이 모두 기뻐했던 거야.
이 밖에도 왕건이 다스린 고려는 또 어떤 모습이었을까?

태조
한 왕조를 세운 첫째 임금을 뜻해.

태조* 왕건은 후삼국을 통일한 뒤 백성의 마음을 달래기 위해 노력했어. 오랫동안 이어져 온 혼란과 전쟁으로 백성들의 삶은 몹시 고달팠지. 그래서 왕건은 백성의 어깨를 가볍게 해 주기 위해 세금을 줄여 주었어. 지나치게 세금을 거두면 신라 말 때처럼 백성들이 들고일어날 수도 있었거든.

왕건은 봄에 백성에게 곡식을 빌려주고, 추수가 끝난 가을에 빌려 간 곡식을 갚게 했어. 또 호족이 불법으로 노비로 삼은 백성들을 풀어 주게 했지.

먹을 양식이 없었는데 나라에서 곡식을 빌려주니 살겠네.

한편, 왕건에게는 백성의 마음을 얻는 것 못지않게 중요한 일이 있었어. 바로 호족을 자기 편으로 만드는 거였지.

강한 군사력과 든든한 경제력을 갖춘 호족들은 자신들의 근거지에서는 왕이나 다름없었어. 이들의 마음을 잡지 못하면 언제든 반란을 일으켜 고려를 뒤흔들 수도 있었지.

그래서 왕건은 먼저 강력한 호족의 딸과 결혼했어. 왕건에게 딸을 시집보낸 호족은 가족 때문에라도 반란을 일으키기 어려웠지. 그 결과 왕건은 무려 스물아홉 명의 부인을 두게 됐어. 왕건은 자신의 신하가 된 호족에게 높은 벼슬을 내려 주거나 자신과 같은 왕씨 성을 주기도 했지.

왕건은 호족을 관리로 삼고 나랏일을 맡긴 것 외에도 '사심관'이라는 직책에 임명했어. 사심관은 개경에 머물면서 자기 고향의 행정을 처리하는 벼슬이었어. 고려에 항복했던 신라 경순왕도 경주 지역의 사심관이 되어 그 지역을 관리했어.

하지만 왕건은 호족에게 마냥 호락호락하지는 않았어. 호족의 아들들을 개경에 데려와 머물도록 했지. 달리 말하자면 호족의 자식들을 인질로 삼은 거야. 이를 '기인 제도'라고 해.

기인 제도는 왕건이 호족의 딸과 결혼한 것과 비슷한 효과가 있었어. 언젠가 대를 이을 아들이 개경에 있는데 섣불리 반란을 일으킬 무모한 호족은 없었기 때문이지. 이런 다양한 방법으로 왕건은 호족을 우대하기도 하고 통제하기도 했단다.

◀ 개성 만월대
개성에 있는 고려 시대의 궁궐터야. 원래 태조 왕건이 살던 집터인데 그 자리에 궁궐을 지었다고 해.

왕건이 낙타를 굶겨 죽인 까닭은?

"아이고, 안타까워라. 죄 없는 낙타를 굶겨 죽이다니."

942년, 왕건은 거란이 보낸 사신을 만나 크게 화를 냈어. 거란 사신들은 섬으로 유배 보내 버리고, 선물로 가져온 낙타 50마리는 다리 밑에 묶어 두고 굶어 죽게 했지. 포용력 있고 너그러운 왕건이 왜 이런 명령을 내린 걸까?

그건 바로 거란이 발해를 멸망시켰기 때문이야. 왕건은 나라를 세울 때 고구려를 계승한다는 뜻을 담아 나라 이름을 고려라고 정했어. 발해 역시 고구려를 계승한 나라였지. 그래서 왕건은 발해를 멸망시킨 거란을 원수로 여기고 결코 친하게 지내선 안 된다고 생각했던 거야.

광종이 과거로 관리를 뽑으려 했던 이유는?

"고려도 중국처럼 과거를 통해 관리를 뽑아야 합니다."
"좋은 생각이오. 그대가 직접 이 일을 추진하도록 하시오."
신하의 말에 왕은 고개를 끄덕였어. 과거를 쳐서 관리를 뽑는 방식은 훗날 고려에 큰 영향을 미쳤지. 고려가 과거제를 실시한 이유는 무엇일까? 또 과거제는 고려에 어떤 변화를 불러왔을까?

고려의 제4대 왕 광종은 태조 왕건의 넷째 아들이야. 광종이 왕이 될 무렵에도 호족은 여전히 강력한 힘을 가지고 있었어. 딸을 왕건에게 시집보낸 호족들은 자신의 외손자가 왕위에 오르기를 바라며 서로 권력 다툼을 벌였지.

호족들의 다툼에 왕권은 크게 흔들렸고, 왕의 자리는 너무나 불안정했어. 심지어 왕건이 세상을 떠난 지 고작 6년 만에 왕이 세 번이나 바뀌었지. 이러다 보니 갓 왕위에 오른 광종은 호족들의 눈치를 살펴야만 했단다.

광종은 지금처럼 왕권이 약하면 나라를 제대로 다스릴 수 없다고 생각했어. 하지만 섣불리 호족에게 맞섰다가는 큰 화를 입을 수 있었지. 그래서 광종은 일단 호족의 기를 꺾는 대신 이들을 존중하면서 기다렸어. 그리고 즉위한 지 7년이 지났을 때부터 호족을 본격적으로 압박하기 시작했어.

"호족들이 거느린 노비를 조사하라. 그리고 억울하게 노비가 된 사람이 있으면 원래의 신분을 되돌려 주어라."

이 법이 바로 '노비안검법'이야.

당시 호족들은 많은 노비를 거느리고 있었어. 이들 중에는 호족들이 권력을 이용해 강제로 노비로 만든 사람도 많았지. 노비들은 평소 호족의 땅에서 농사를 짓다가 호족 간에 싸움이 일어나면 무기를 들고 싸우는 등 군인의 역할도 했어.

노비안검법을 실시하면서 호족의 재산과 힘은 당연히 줄어들었어. 또 노비에서 풀려나 원래 신분인 양인*으로 돌아간 사람들이 국가에 세금을 바치니 국가의 재정도 넉넉해졌지.

먼저 노비안검법으로 호족에게 경고를 한 광종은 958년에 또 다른 제도를 만들었어. 바로 '과거

양인
고려 시대의 평민을 말해. 노비들은 국가에 세금을 내지 않았지만 양인들은 세금을 냈지.

제'야. 과거는 중국에서 관리를 뽑는 방법들 중 하나로, 시험을 쳐서 합격한 사람에게 벼슬을 주는 제도지. 광종이 과거제를 실시한 건 중국에서 귀화한* 쌍기라는 신하의 제안 때문이었어. 광종은 쌍기를 감독관으로 임명하고 과거 시험을 치르라고 명령했어. 이윽고 개경에서 우리나라 최초의 과거가 치러졌지. 그 후 과거제는 관리를 뽑는 대표적인 제도로 조선 시대까지 자리매김했어.

광종은 과거제를 통해 호족의 힘을 약화시키고 나라에 필요한 인재를 뽑을 생각이었어. 아무리 힘센 호족 집안의 사람이라도 실력이 없으면 과거에 합격할 수 없었지.

귀화하다
다른 나라의 국적을 얻어 그 나라의 국민이 되는 것을 말해.

▲ 장양수 홍패
1205년에 치러진 과거 시험에서 장양수라는 사람이 받은 과거 합격증이야.

과거는 유교 경전을 얼마나 잘 알고 있는지를 평가해. 그리고 유교는 '임금에 대한 충성', '부모에 대한 효'를 중요하게 여기지. 그러니 유교를 공부한 신하들이 충성을 다해 왕을 섬기려고 하겠지? 이런 이유로 왕권이 안정될 수 있었던 거야.

광종은 관리가 공식적으로 나랏일을 할 때 입는 옷인 공복의 색깔도 정했어. 공복의 색은 가장 높은 관리들이 입는 자주색부터 낮은 관리들이 입는 초록색까지 네 가지가 있었어. 이를 통해 신하들 사이에 높고 낮음이 한눈에 보였고, 이들을 관직에 임명하는 왕의 권위는 한층 높아졌지.

녹색(초록색)　비색(담홍색)　단색(붉은색)　자색(자주색)
▲ 광종이 정한 4색 공복

여러 제도가 만들어지고 왕권이 강화되자 광종은 고려의 도읍인 개경을 '황도'라고 부르도록 했어. 황도란 황제의 도읍이란 뜻이야. 호족의 세력을 누르고 왕권을 강화한 광종의 마음이 어떠했는지 엿볼 수 있지.

고려의 과거제는 어떻게 운영되었을까?

　고려의 과거제는 문과, 잡과, 승과로 나뉘어 운영되었어. 문과는 문신 관리를 뽑는 시험이야. 잡과는 법률과 의학 등의 일을 담당한 기술관을 뽑는 시험이고, 승과는 승려들을 대상으로 실시했어. 그런데 여기서 한 가지 눈여겨봐야 할 것이 있어. 고려의 과거제에는 무관을 뽑는 시험이 따로 없었다는 거야.

　고려에서는 하급 무관들을 별도의 시험 없이 공을 세우거나 추천받은 사람을 뽑았어. 높은 관직의 장수는 문신들 중에서 임명했지. 대표적인 사람이 바로 서희야. 서희는 광종 때 과거에 합격하고 벼슬살이를 했어. 그러다 훗날 거란이 고려를 침략했을 때 장군으로 나서서 외교 담판을 벌여 고려를 구해 냈지.

▲ 개성 성균관
개성에 세워진 고려의 교육 기관이야. 성종이 세웠을 당시에는 국자감이라 불렸지만, 고려 후기 성균관으로 바뀌었지.

최승로의 개혁안에는 어떤 내용이 들어 있을까?

"아버지, 뭘 쓰고 계세요?"
"폐하께서 관리들에게 나라를 어떻게 이끌어 가면 좋을지 적어 내라고 명을 내리셨단다."
유진이 아버지는 며칠째 고민을 거듭하며 글을 길게 써 내려가고 있었어. 주변에는 꼬깃꼬깃한 종이 뭉치가 굴러다녔지.
유진이 아버지에게 숙제를 내준 왕은 누구였을까?

10세기 말 고려 제6대 왕 성종이 젊은 나이로 왕위에 올랐어. 그런데 성종이 막 왕이 됐을 무렵, 호족들은 광종에게 온갖 견제를 당한 탓에 불만이 가득 쌓여 있었지.

성종은 이제 왕과 호족 사이의 팽팽한 줄다리기를 끝내고 나라를 잘 다스리고 싶었어. 그래서 관리들에게 어떻게 하면 나라의 기틀을 잘 다질 수 있는지 방법을 적어 올리도록 했지. 유진이 아버지는 성종이 내준 이 숙제 때문에 며칠째 뭔가를 열심히 적고 있었던 거야.

여러 신하가 각자 생각을 담은 글을 적어 올렸어. 수많은 글 사이에 최승로가 쓴 글도 있었지. 최승로는 어려서부터 신동으로 이름을 날렸어. 그래서 일찍 벼슬길에 올라 왕을 여럿 섬겼지.

최승로는 성종 이전 왕들의 업적을 평가한 글과 앞으로 해야 할 일을 스물여덟 가지로 나누어 쓴 글을 왕에게 바쳤어. 최승로가 쓴 이 글을 〈시무 28조〉라고 해. 〈시무 28조〉에는 어떤 내용이 들어 있는지 같이 살펴볼까?

제7조 왕이 백성을 다스릴 때 집마다 가서 살펴볼 수 없습니다. 태조께서도 지방을 다스리는 관리를 두고자 하였으나 다른 나랏일을 하느라 시행하지 못했습니다. 각 지방에 지방관을 파견하십시오.

제20조 불교의 가르침을 따르는 것은 자신을 다스리는 근본이고, 유교의 가르침을 따르는 것은 나라를 다스리는 근본입니다.

최승로는 〈시무 28조〉를 통해 '나라를 잘 다스리려면 늘 백성을 살피고 유교의 가르침을 따라야 한다'고 주장했어.

성종은 최승로의 주장이 고려를 다스리는 데 꼭 필요하다고 생각했지. 특히 지방에 관리를 보내어 백성을 살피고, 유교를 바탕으로 나

 라를 다스려야 한다는 내용이 마음에 쏙 들었어. 그래서 성종은 최승로에게 높은 벼슬을 주고 나라의 제도를 착착 정리해 나갔어.

 성종은 최승로의 주장대로 전국의 중요한 지역 12곳에 지방관을 보내어 백성의 삶을 살폈어. 또 유교를 가르치는 국립 교육 기관 '국자감'을 개경에 설치했지. 지방 곳곳에도 학교를 세워 인재를 기르는 데 힘썼어. 성종의 노력으로 고려는 유교 사상을 바탕으로 국가 제도를 정비해 나갈 수 있었단다.

최승로는 누구인가?

최승로의 아버지는 신라의 6두품이었어. 경순왕의 신하였던 아버지가 왕을 따라 개경으로 오면서 최승로의 집안은 개경에서 살게 되었지. 최승로는 12살 어린 나이에 태조 왕건을 만났어. 그리고 왕건 앞에서 《논어》를 술술 암송했지. 왕건은 최승로의 총명함에 깜짝 놀랐어.

배우고 때때로 그것을 익히면 또한 기쁘지 않은가?

"논어를 이렇듯 막힘없이 읽어 내려가다니. 최승로에게 큰 상을 내리도록 하라."

최승로는 자신이 직접 겪은 고려의 다섯 왕 중 태조 왕건이 가장 훌륭하다고 생각했어. 후삼국 시대의 혼란함을 수습하고 다시 통일 왕조를 세웠기 때문이지. 제2대 왕 혜종부터 제5대 왕 경종 시기는 왕들이 신하와 함께 나라를 다스리려 노력했으나 몇 가지 아쉬운 점이 있다고 생각했어. 그중 정종은 무리하게 서경으로 도읍을 옮기려 했고, 정종의 동생 광종은 호족 세력을 누르기 위해 여러 가지 일을 지나치게 추진했다고 주장했어. 그러면서 고려의 제6대 왕이 된 성종에게 앞으로 고려가 해야 할 일이 무엇인지 자기 생각을 정리한 〈시무 28조〉를 바친 거야.

생각 톡톡

고려는 거란의 침입을 어떻게 물리쳤을까?

고려에 큰일이 생겼어. 강력한 북방 민족인 거란이 군대를 이끌고 고려로 쳐들어온 거야. 신하들은 거란을 어떻게 상대할지 머리를 싸맸지. "거란의 요구를 들어주고 서경(평양) 북쪽을 떼어 주는 것이 어떨까요?" "싸워 보지도 않고 항복하자는 거요?"
신하들은 우왕좌왕하며 다투었지. 이때, 한 신하가 거란과 이야기를 하겠다고 나섰어. 고려는 거란의 침입을 물리칠 수 있을까?

랴오허강
중국 동북 지역을 흐르는 강이야. 강을 기준으로 서쪽 지역을 요서, 동쪽 지역을 요동이라고 부르지.

거란은 랴오허강* 유역에서 유목 생활을 하던 부족으로 원래는 각 부족이 뿔뿔이 흩어져 살았어. 하지만 고려가 세워질 무렵, '야율아보기'라는 지도자가 나타났어. 야율아보기는 거란 부족을 통일하고 요나라를 세웠지.

거란은 무서운 기세로 세력을 넓혀 나갔어. 발해를 순식간에 멸망시키고, 중국이 여러 나라로 산산조각 난 틈을 타 베이징 주변까지 점령했지.

▲ 거란인

▲ 거란의 글씨가 새겨져 있는 청동 거울

거란은 여기서 멈추지 않고 호시탐탐 한반도를 노렸어. 왕건은 이런 거란을 몹시 경계해서 죽기 전 '거란과 친하게 지내지 말라'는 유언을 남길 정도였지.

993년, 거란 장수 소손녕이 군대를 이끌고 압록강을 건너 고려를 침략했어. 소손녕은 고려군을 단숨에 무너뜨리고 사람을 보내 얼른 항복하라고 고려를 윽박질렀지.

이 소식에 고려 조정은 발칵 뒤집혔어. 신하들 사이에서 항복하느냐 마느냐 치열하게 의견이 오갔지. 이때 거란을 만나서 이유를 물어보고 오겠다고 한 사람이 있었어. 바로 서희였지.

서희는 거란 장수 소손녕과 마주 앉았어. 왜 고려를 침략했는지 묻는 서희에게 소손녕은 이렇게 말했지.

"고려는 옛 신라 땅에 세워진 나라가 아니오? 그런데도 왜 우리 거

란이 차지하고 있는 옛 고구려 땅을 자꾸 침범하는 것이오? 그리고 우리 거란과 국경을 맞대고 있으면서 왜 바다 건너 멀리 있는 송나라를 섬기는 것이오?"

서희는 침착하게 소손녕에게 대답했지.

"우리 고려는 고구려를 계승한 나라요. 우리도 거란과 교류하고 싶지만 압록강 주변은 여진족이 차지하고 있어 쉽지 않소. 압록강 주변은 옛 고구려 땅으로 원래 우리의 영토요. 이 땅을 고려가 되찾아 거란으로 가는 길을 확보할 수 있다면 우리는 거란과 교류할 수 있을 것이오."

거란은 송나라와 관계를 끊고 자신들의 손을 잡겠다는 서희의 말에 군대를 철수해 돌아갔어. 대화만으로 전쟁을 막았다니 정말 대단하지? 고려는 거란의 1차 침입 후 압록강 주

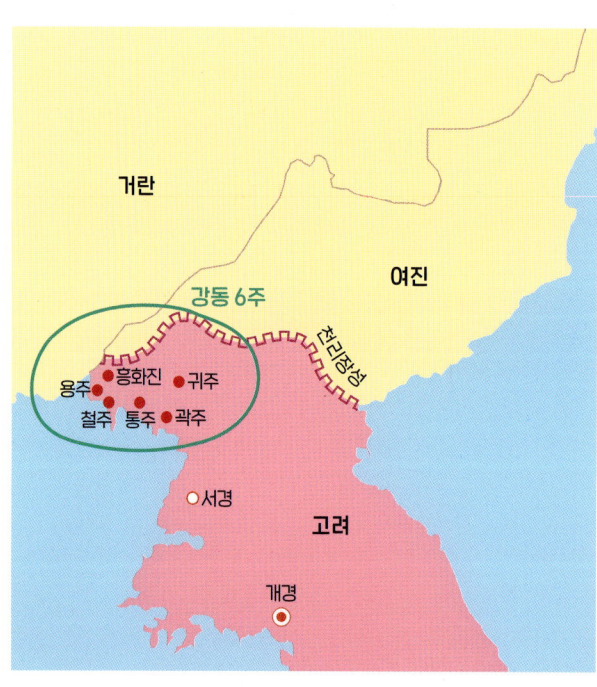

▲ 강동 6주

변 땅을 차지하고 강동 6주를 설치했어. 거란의 침입으로 위기를 맞이할 뻔한 고려가 서희의 외교 담판 덕분에 오히려 영토를 넓히게 된 거야.

하지만 고려와 거란의 평화는 오래가지 못했어. 고려가 약속을 어기고 송나라와 몰래 교류하고 있었거든. 게다가 거란은 고려가 차지한 강동 6주가 탐났어.

이 무렵, 고려에서 큰 사건이 일어났어. 강조라는 신하가 당시 왕이었던 목종을 쫓아내고 현종을 새로운 왕으로 세운 거야. 호시탐탐 고려를 공격할 기회만 노리고 있던 거란은 무릎을 탁 쳤어. 그리고 1010년, 강조를 벌주겠다며 40만 대군을 이끌고 고려로 쳐들어왔지.

고려는 거란의 공격에 개경을 빼앗기고 현종이 피난 가는 위기를 맞았어. 고려는 거란을 달래기 위해 현종이 직접 거란 왕을 만나러 가겠다고 약속했지만 지켜지지 않았지. 돌아가던 거란군을 양규가 이끈 고려군이 크게 혼내 주었어.

1018년, 거란은 강동 6주를 돌려 달라며 다시 쳐들어왔어. 고려는 강감찬에게 20만의 군대를 주어 거란의 침입에 맞섰지. 강감찬은 흥화진 동쪽 삼교천이라는 곳에서 거란군이 지나갈 길목에 미리 가서 소가죽으로 물길을 막았어. 그러고는 거란군이 지나갈 때 갑자기 물을 흘려보내 거란군에게 피해를 주었지. 그 후 성과 없이 돌아가던 거란군을 끝까지 추격해 귀주에서 크게 무찔렀어. 이 싸움이 그 유명한 귀주 대첩이야. 아주 혼쭐이 난 거란은 고려 정복을 포기해야만 했지.

천리장성을 처음 쌓은 것이 아니라고?

거란의 침입을 세 차례나 겪은 고려는 북방 민족들의 침입에 대비해 천리장성을 쌓았어. 천리장성은 길이가 약 1,000리*에 이를 만큼 긴 성이라고 해서 붙은 이름이야. 그런데 천리장성을 쌓은 것은 이때가 처음이 아니었어. 이미 삼국 시대에 고구려가 한 번 쌓은 적이 있었지. 이때 고구려는 당의 침입에 대비하기 위해서 천리장성을 쌓았어. 물론 고구려와 고려 시대에 각각 쌓은 천리장성의 위치는 같지 않아. 그래도 둘 다 천리장성이라 부르지.

리
거리 단위야. 1리는 약 0.4km 정도지.

▲ 고구려와 고려의 천리장성

왕자가 스님이 되었다고?

"뭐라고? 의천이 몰래 배를 타고 송나라로 갔다고?"
"예, 제자 두 명을 데리고 가셨다고 합니다."
의천이 아무도 모르게 송나라로 떠났다는 소식에 온 조정이 발칵 뒤집혔어. 의천은 고려의 왕자이자 왕의 동생이었거든. 고려 왕자가 남들 몰래 송나라에 간 이유는 무엇 때문이었을까?

출가하다
세상과 인연을 끊고 불교의 수행 생활에 들어간다는 뜻이야.

고려 문종의 넷째 아들 왕후는 11살의 어린 나이에 출가했어*. 왕후는 승려가 되면서 '의천'이라는 이름을 쓰게 되었지.

의천은 오랫동안 송나라에 가서 불교를 제대로 배우고 싶어 했어. 하지만 의천의 바람은 번번이 반대에 부딪혔어. 송나라로 가는 뱃길은 너무 위험했거든. 거센 바람에 배가 뒤집혀 귀한 왕자가 목숨이라도 잃으면 큰일이었으니까.

그러자 의천은 한 가지 수를 생각해 냈어. 아무도 모르게 송나라로 가는 장삿배에 올라타 떠나 버린 거야.

송나라에 도착한 의천은 황제의 극진한 대접을 받았어. 황제의 배려로 의천은 송나라 이곳저곳을 돌아다니며 여러 승려를 만나 이

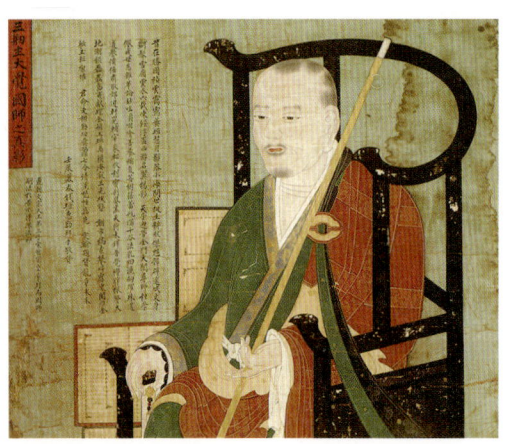
▲ 대각 국사 의천

야기를 나누고, 불교 경전을 3,000여 권 가까이 수집했어. 의천은 고려로 돌아가면 불교를 발전시키는 데 평생을 바치겠다고 결심했지.

 송나라에 간 지 1년여 만에 의천은 고려에 돌아왔어. 그 후 개경 근처의 흥왕사에 머물며 불교를 연구하고 여러 제자를 키워 냈지. 또 자신이 수집한 여러 불교 경전을 정리했어.

 고려에서 불교의 위상은 매우 높았어. 평민부터 귀족, 왕실까지 불교를 믿었지. 특히 왕실과 귀족들은 집안의 복을 빌기 위해 절을 많이 세웠어. 그러다 보니 고려 말 개경 도성 안에는 사람 사는 집보다 절이 더 많다는 말이 돌 정도였어.

교통이 편리한 곳에 세워진 절은 여행 다니는 사람에게 식사와 잠 잘 곳을 제공하는 일을 했어. 또 규모가 큰 절은 군사를 훈련시키는 장소가 되기도 했지.

절에서는 행사도 많이 치러졌어. 그중 대표적인 것이 연등회야. 연등회는 삼국 시대부터 치러진 역사 깊은 행사였어. 고려 역시 태조가

연등회를 잘 치르라고 당부할 정도로 몹시 중요하게 여겼지.

　연등회가 시작되면 사람들은 연꽃 모양의 등을 만들어 불을 밝히고 부처님께 복을 빌었지. 그러나 연등회는 성종 때 최승로의 건의로 잠시 중단되었어. 행사에 돈이 많이 들고 수많은 백성을 동원해야 한다는 이유였지. 하지만 연등회는 현종 때 다시 시작되어 이후 해마다 열리게 되었어.

생각 톡톡

고려 시대의 불상은 못생겼다?

고려 시대에도 삼국 시대처럼 많은 불상이 만들어졌어. 고려 시대 제작된 불상은 석굴암 본존불처럼 조화롭고 균형이 잘 잡힌 것들도 있었지만, 비례가 맞지 않거나 투박한 불상도 많았어. 대표적인 것이 논산 관촉사 석조 미륵보살 입상이야.

이 불상은 오늘날 국내에서 가장 큰 석불로 광종 때 만들어졌어. 높이는 약 18미터 정도인데, 요즘으로 따지면 6층 건물 높이지. 불상의 얼굴은 아주 커다랗고 네모로 각져 있어. 눈, 코, 입은 멀리서도 보일 정도로 큼직하고 또렷하지. 머리 위에는 매우 커다란 관을 썼고, 손에는 청동으로 만든 꽃을 들고 있어. 반면 거대한 머리에 비해 불상의 몸은 작은 편이야.

그 밖에도 고려 시대에 만들어진 불상 중에는 투박하고 거대한 불상이 많아. 이런 독특한 불상이 많은 것은 호족들이 자신의 권력을 나타내기 위해 경쟁적으로 불상을 제작했기 때문이라고 해. 또 많은 불상을 만들면서 숙련된 최고급 석공이 아닌 솜씨가 서툰 석공이 제작에 참여했기 때문이기도 하지. 그 덕분에 고려 시대의 불상들은 섬세하고 화려하지는 않지만 나름의 특색과 개성을 자랑하게 되었단다.

◀ 논산 관촉사 석조 미륵보살 입상

귀족들이 대대로 귀족일 수 있었던 이유는?

"아버지 덕분에 저도 관직에 나아가게 되었습니다."
개경에 있는 한 귀족 가문에 기쁜 일이 생겼어. 맏아들이 과거 시험을 보지 않고도 관직에 올랐거든.
과거를 보지 않고도 관직에 오를 수 있었던 이유는 무엇일까? 또 이 제도는 고려 사회에 어떤 영향을 주었을까?

고려 시대에 관리가 되는 방법은 크게 두 가지였어. 바로 '과거'와 '음서'야.

과거에 합격하는 것은 결코 쉬운 일이 아니었어. 오랜 시간을 꼬박 공부에 매달려 과거를 준비해야 했지. 또 과거에 합격한다고 해도 1년에서 5년은 기다려야 관리가 될 수 있었어. 심지어는 10년 이상을 기다려 관리가 된 사람도 있었지. 그러니 과거를 보고 관리가 되는 것은 아주 힘든 일이었어.

반면, 5품 이상 고위 관리의 자손은 과거를 보지 않아도 관리가 될 수 있었어. 이 제도를 '음서'라고 해. 귀족에게는 음서 말고도 또 한 가지 특권이 있었

휴~, 과거 공부 힘들다.

어. 바로 '공음전'이야. 공음전은 5품 이상의 고위 관리에게 지급되는 땅이지. 이 공음전이 뭔지 알려면 '전시과'에 대해서 먼저 알아야 해. 전시과는 고려 시대에 나라에서 관리, 직업 군인 등에게 전지*와 시지*를 준 제도야.

"우린 귀족이라 과거 안 봐도 되지롱!"

관리가 땅을 받았다고 해서 땅의 주인이 되는 건 아니야. 땅 주인인 농민이 내는 세금을 나라 대신 받을 수 있는 권리를 준 것이지. 만약에 관리가 죽거나 관직에서 물러나면 어떻게 될까? 당연히 세금 받을 권리를 다시 나라에 돌려주어야 해.

전지
농사짓는 땅을 의미해.

시지
땔감을 구할 수 있는 땅을 뜻해.

하지만 귀족에게 지급되는 공음전은 큰 죄를 짓지 않는 한 대대손손 물려줄 수 있었지.

거기다 귀족들은 계속 세력을 유지하기 위해 자신과 비슷한 가문을 골라 자식들을 결혼시켰어. 귀족들끼리 혼인을 통해 자신들이 누리

는 특권을 대대로 물려줬던 거야. 이렇게 대대로 지위와 특권을 누리는 귀족들이 생겨났고, 이들은 고려를 쥐락펴락하며 부를 누렸어.

왕실과 대대로 혼인을 통해
세력을 키운 집안이 있다던데?

생각 톡톡

　고려가 세워진 지 약 100년 동안 귀족과 왕실의 혼인은 거의 이뤄지지 않았어. 고려 왕실이 자신의 친척 중에서 결혼 상대를 골랐기 때문이야. 고려 제8대 왕 현종 때부터 가까운 친척이 아닌 다른 가문의 사람과 결혼하기 시작했지. 그러면서 왕실과 혼인 관계를 거듭하며 세력을 떨친 가문이 등장했어. 대표적인 가문이 경원(인천) 이씨 집안이야.

　경원 이씨는 이자연 때부터 왕실과 혼인 관계를 맺기 시작했어. 이자연은 딸을 세 명이나 고려 제11대 왕 문종에게 시집보냈어. 이들 중 한 명이 낳은 여러 명의 왕자들 중 세 명이 왕위에 올랐지.

　경원 이씨 가문은 제11대 왕인 문종부터 제17대 인종까지 연이어 왕실에 딸들을 시집보냈어. 그 결과 이자겸 때에 이르러 경원 이씨 집안의 권력은 왕권을 넘볼 정도로 커졌단다.

벽란도에 모인 상인들은 어디서 왔을까?

"얘들아! 우리 포구에 놀러 가자. 지금 대식국 상인들이 배를 타고 들어왔대!"
"우아! 신기한 거 많겠다! 지금 당장 구경 가자!"
준이는 외국 상인이 가져온 물건을 구경할 생각에 신이 났어.
상인들은 어떤 물건을 가져왔을까? 준이와 친구들이 놀러 가려는 포구는 어디일까?

예성강
황해남도 배천군과 개성시 개풍군 사이에서 황해로 흘러드는 강이야.

고려의 수도 개경과 가까운 예성강* 하구에 '벽란도'라는 항구가 있었어. 벽란도는 고려 시대 대표적인 무역항이었지. 벽란도는 늘 외국에서 온 사람들로 북적였어. 그중에는 중요한 외교 문서를 가지고 온 사신도 있었고, 물건을 사고팔기 위해 고려를 찾아온 상인들도 있었지.

상인들은 주로 고려 주변에 있는 나라인 송나라, 일본, 거란, 여진 등에서 왔어. 그런데 그보다 더 먼 곳에서 찾아온 외국 상인들도 있었어. 준이와 친구들을 기대에 부풀게 했던 대식국(아라비아) 상인들이 대표적이지.

대식국 상인들은 아라비아반도를 중심지로 삼고 세계 방방곡곡을 누볐어. 하지만 아라비아에서 고려까지는 바람의 도움을 받아 배를 빨리 몰아도 족히 몇 달은 걸리는 길이었기 때문에 송나라처럼 자주 고려를 찾기는 어려웠지. 그래도 이들 덕분에 고려는 '코리아'라는 이름으로 전 세계에 알려졌어.

　벽란도를 찾는 고려 사람도 많았어. 대부분 송나라로 공부하러 떠나는 유학생이나 외국 상인과 거래하려는 상인들이었지. 고려 상인들은 외국의 비단이나 책, 차 등을 사서 국내에 팔아 많은 이익을 얻었어.

▲ 고려의 상인

▲ 송나라의 상인

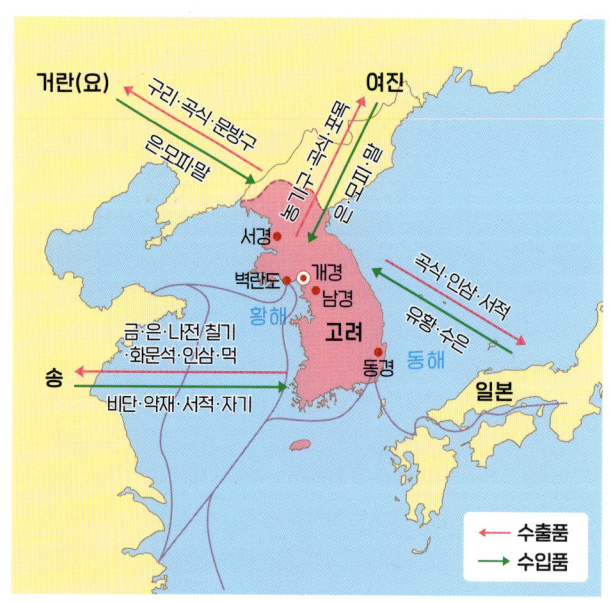

▲ 벽란도의 위치와 고려의 국제 교역

벽란도는 개경으로 들어가는 관문 역할을 했어. 그래서 세금으로 거두어들인 곡식을 실은 배도 자주 드나들었지. 멀리 지방으로 가는 사람들도 이곳에서 배를 타고 이

동했어.

여러 나라의 사람들이 벽란도를 드나들었지만, 벽란도를 가장 많이 찾은 외국인은 뭐니 뭐니 해도 송나라 사람들이었어. 송나라 상인들은 대체로 음력 7월에서 8월쯤 송나라에서 출발해 고려에 왔어.

▲ 배가 그려진 고려의 청동 거울

몇 달 정도 고려에 머물다가 음력 11월에 열리는 팔관회를 보내고 돌아갔지. 송나라 상인들은 수백 명이 탈 수 있는 큰 배에 비단, 책, 차, 약재 등을 가득 싣고 왔어. 특히 비단은 고려에서 아주 인기가 좋았지. 개경의 돈 많은 사람들이 남녀 가리지 않고 비단옷을 즐겨 입었거든.

송나라 상인들은 고려의 종이와 먹, 나전 칠기*, 화문석*, 인삼 등을 잔뜩 사 갔어. 그중에서 종이가 가장 인기가 좋았다고 해. 고려 종이는 중국 종이와 달리 결이 매끄럽고, 먹으로 글을 써도 잘 번지지 않았거든. 고려가 멸망한 후에도 고려 종이는 여전히 인기가 많았다고 해.

나전 칠기
옻칠한 나무 그릇이나 가구에 광택이 나는 조개 껍데기를 여러 가지 모양으로 잘라 붙여 꾸민 것을 말해.

화문석
꽃 모양 등 여러 문양을 넣어 짠 돗자리야.

일본 사람들도 벽란도를 통해 고려에 왔어. 상인들뿐 아니라 승려들도 방문해 왕에게 불상을 바치기도 했지. 일본 사신과 상인은 주로 수은이나 유황, 진주 같은 것을 가져왔어. 그리고 고려에서 책과 인삼, 곡식 등을 가져갔지.

벽란도에 온 사신들이
고려의 국가 행사에 참여했다고?

생각 톡톡

　벽란도에 온 외국 사신들은 고려의 팔관회에 참여했어. 팔관회는 우리나라의 토속 신앙과 불교가 결합된 국가적인 종교 행사야. 고려 왕실은 팔관회를 중요하게 여겨서 매년 겨울에 정기적으로 열었지.

　팔관회가 진행되는 동안 개경의 궁궐에서는 이틀에 걸쳐 여러 행사가 열렸어. 왕은 제일 먼저 나라를 세운 태조 왕건의 초상화에 절을 올렸지. 그다음 태자와 신하들이 왕에게 절하고 다양한 공연을 즐겼어.

　송나라와 거란, 일본, 여진 등에서 온 사신들은 왕에게 절을 올리고 자신들이 가져온 선물을 바쳤어. 이들도 마찬가지로 여러 가지 공연을 함께 즐겼지.

고려 시대에도 돈을 만들어 썼다고?

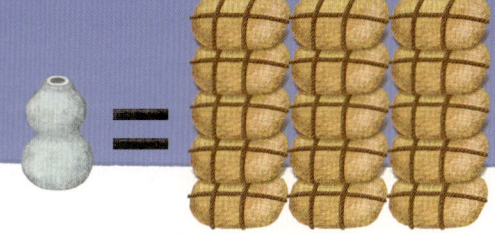

"은으로 고려 땅을 본뜬 돈을 만들도록 하시오."
1101년, 왕의 명령으로 은병이라는 화폐가 만들어졌어. 은병은 은으로 만들어져 아주 가치가 높았지. 은병 하나면 쌀 15~16석을 살 수 있었어. 이 밖에도 고려 시대에 여러 화폐가 만들어졌다고 해. 고려는 왜 돈을 만들었을까? 또 이때 만들어진 화폐는 무엇일까?

고려에서 만든 최초의 화폐는 바로 성종 때 만든 건원중보야. 건원중보는 우리가 흔히 아는 조선 시대 엽전과 모양이 거의 똑같아. 둥글고 납작한 형태에 중앙에는 끈으로 꿰기 위해 뚫어 놓은 네모난 구멍이 있지. 돈의 앞면에는 '건원중보'가 한자로 새겨져 있고, 뒷면에는 고려에서 만들었다는 의미로 '동국'이라는 글자를 새겨 넣었어. 동국은 중국 동쪽에 있는 나라라는 뜻이야.

고려는 건원중보를 널리 보급하려 했어. 백성들이 물건을 사고팔 때 건원중보를 쓰도록 했지. 하지만 건원중보는 생각만큼 널리 쓰이지 못했어. 백성 대부분이 농민이었기 때문에 쉽게 구할 수 있는 쌀이나 옷감으로 물건을 교환하는 게 훨씬 익숙하고 편했거든.

◀ 건원중보 앞면(왼쪽)과 뒷면(오른쪽)

그렇지만 고려 조정은 이후에도 여러 번 화폐 발행을 시도했어.

"폐하, 화폐를 사용하면 여러 가지로 편리합니다. 고려도 송나라처럼 화폐를 만들어 사용하는 것이 좋겠습니다."

주고받을 때 양을 속일 일이 없습니다.

또한 관리들의 봉급을 화폐로 주면 추수할 때까지 기다리지 않아도 됩니다.

화폐를 사용하면 운반하기 편리하고,

송나라에서 공부하고 돌아온 의천은 왕에게 이렇게 말했어. 화폐는 쌀이나 옷감보다 부피가 작고 가벼워 가지고 다니거나 운반하기 편하고, 주고받을 때 서로 양을 속일 일이 없다는 이유였지.

그래서 숙종 때는 은으로 된 은병을 만들었어. 그런데 은병은 사용하는 데 몇 가지 문제가 있었지. 우선 가치가 너무 높아 일반 백성들이 사용하기 쉽지 않았어. 은병 하나가 쌀 15~16석* 정도의 가치였기 때문에 작은 물건을 거래할 때는 쓰기 어려웠지.

석
부피를 재는 단위로 주로 곡식의 부피를 표시할 때 써. 한 석은 한 말의 열 배로 약 180리터야.

고려 시대에는 건원중보 같은 동전이나 은병 이외에도 종이로 만든 지폐가 쓰였어. 처음 사용된 지폐는 고려에서 만든 것이 아닌 중국 원나라의 지폐였지. 원나라는 몽골이 세운 나라로, 송나라를 무너뜨리고 중국을 차지했어. 고려는 약 40년간 몽골의 침략에 맞서다 항복하고 원나라의 간섭을 받았어. 이때 원나라의 지폐가 고려에서 사용된 거야. 그 후 고려는 '저화'라는 지폐를 만들기도 했어.

▲ 고려 시대의 화폐 은병

지폐를 처음 만들어 사용한 나라는 어디일까?

생각 톡톡

지폐는 동전에 비해 가벼워서 사용하기 편해. 이 지폐를 처음 만들어 사용한 나라는 어디일까? 바로 중국의 송나라야. 송나라는 상업이 발달하여 사람들이 돈을 많이 사용했어. 처음에 사용한 돈은 주로 구리나 철로 만든 동전이었어. 그런데 철로 만든 동전은 무거워서 사용하기 불편했지. 그래서 상인들끼리 종이로 돈을 만들어 사용했어. 이후에 지폐의 장점을 알게 된 송나라 조정에서는 전국적으로 지폐를 발행했어. 송나라가 멸망한 후 중국을 차지한 원나라도 지폐를 만들었고, 이 지폐는 고려에서도 널리 쓰였어.

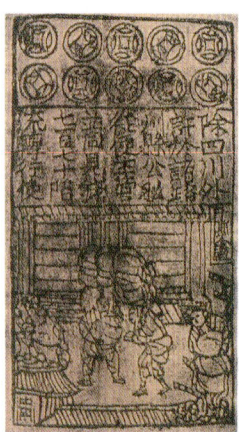
▲ 송나라의 지폐 교자

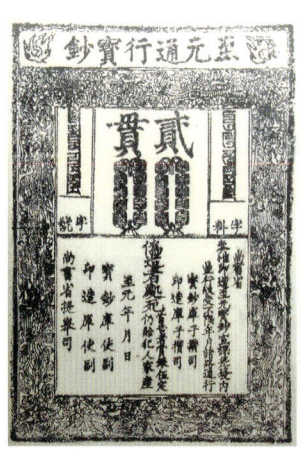
▲ 원나라의 지폐 교초(왼쪽)와 그 인쇄판(오른쪽)

기와도 청자로
만들었다고?

"드디어 청자가 다 구워졌습니다. 완성입니다."
"잘했네. 뜨거운 가마 앞에서 모두가 고생했구먼."
가마 앞에서 청자를 굽던 길동이의 얼굴에는 구슬땀이 맺혔어. 자기가 만든 청자가 사람들에게 쓰일 것을 생각하니 뿌듯했지.
청자가 뭘까? 그리고 청자는 어떻게 만들어졌을까?

유약
도자기를 만들 때 바르는 약품이야. 도자기에 액체나 기체가 스며들지 못하게 하고 겉면에 광택이 나게 해 주지.

청자는 푸른빛을 띤 도자기야. 흙을 빚어 모양을 만들고 유약*을 발라 1,200도 이상의 높은 온도에서 구워 내면 은은한 푸른빛을 띤 청자가 완성되지. 고려 시대 사람들은 이런 청자의 색을 '비색'이라 불렀어. 고려 시대에 만들어진 청자는 우리나라뿐 아니라 중국, 일본, 베트남에서도 발견돼. 그만큼 고려청자의 인기가 좋았다는 거지. 그런데 청자를 처음으로 만든 나라는 고려가 아닌 중국이었어.

중국에서는 차를 즐겨 마셨어. 이때 옥으로 만든 찻잔에 차를 따라 마셨는데 옥으로 만든 그릇은 너무 비싸서 아무나 구할 수 없었지. 궁리 끝에 사람들은 흙으로 모양을 빚고 유약을 발라 구워 옥과 비슷한 색을 가진 도자기를 만들어 냈어. 이렇게 만들어진 것이 바로 청

▲ 전라남도 강진의 고려청자 가마터

자야. 이 청자 제작 기술이 고려에 전해진 것이지.

고려는 10세기 무렵 처음 청자를 제작했어. 이때는 청자를 굽는 가마도 중국처럼 벽돌로 만들었다고 해. 그런데 벽돌 가마는 우리나라 기후에 맞지 않았어. 고려의 기술자들은 고민 끝에 벽돌이 아닌 진흙으로 가마를 만들어 청자를 굽기 시작했어. 그러자 청자를 구울 때 공기가 새어 나가지 않아 더 아름다운 색의 청자를 제작할 수 있게 되었지.

12세기 무렵, 청자 제작 기술은 더욱 발전했어. 청자 기와로 지붕을 얹은 정자도 세웠지. 고려의 청자 제조 기술은 몹시 뛰어나서 송나라 사람들도 감탄을 아끼지 않을 정도였어.

청자 제작 기술이 점차 발달하면서 고려 사람들은 다양한 색과 무늬를 가진 청자를 만들어 냈어. 그중 대표적인 것이 '상감 청자'지.

상감 청자 만드는 법

① 흙으로 원하는 모양의 도자기를 빚는다.
② 표면에 여러 무늬를 새기고, 무늬를 새긴 자리에 다른 색의 흙을 넣는다.
③ 가마에서 굽는다.
④ 구워 낸 도자기에 유약을 바른다.
⑤ 유약을 바른 도자기를 높은 온도에서 다시 구워 낸다.
⑥ 가마에서 완성된 상감 청자를 꺼낸다.

상감 청자는 표면에 여러 무늬를 새기고 그 새겨진 홈에 다른 재료를 집어넣는 상감 기법으로 만든 청자야. 먼저 물레에 흙을 얹고 돌리면서 적당한 모양을 만들어. 그리고 겉면에 학이나 구름 같은 무늬를 새기고, 그 속에 흰색과 붉은색의 흙을 채워 넣지. 이렇게 만든 그릇을 800도 정도 되는 가마에 넣어 구워 내. 그리고 구워 낸 도자기에 유약을 발라 다시 한 번 더 높은 온도에서 굽지. 이렇게 하면 상감 청자가 완성되지.

상감 청자 중 대표적인 것이 '청자 상감 운학문 매병'이야. 보통 고

▲ 청자 상감 운학문 매병

려청자, 하면 가장 먼저 떠오르는 청자이지. 자기 밑부분에는 연꽃무늬가, 몸통 부분에는 학과 구름이 상감 기법으로 새겨져 있어. 이렇게 입구가 좁고 몸통 위쪽(어깨)이 둥글게 부풀려 있는 길쭉한 그릇을 '매병'이라고 해. 매화 같은 꽃을 꽂았을 거라고 해서 이름 붙였지. 그런데 매병의 용도는 꽃꽂이만이 아니었어. 매병을 연구해 보니 참기름, 꿀 등을 담아서 사용한 흔적이 있었거든.

그 외에도 청자는 연적*, 붓꽂이 같은 문방구나 베개, 향로, 의자 등의 생활용품으로 만들어져 일상생활에서 다양하게 쓰였지.

연적
벼루에 먹을 갈 때 필요한 물을 담아 두는 그릇이야.

하지만 청자는 고려 시대 말, 원나라의 간섭을 받으면서 조금씩 내리막길을 걸었어. 게다가 고려 말 왜구가 해안가에 나타나 고려 사람

▲ 청자로 만든 연적

▲ 청자로 만든 베개

들을 괴롭히면서 강진이나 부안 등 해안 지대에 있던 주요 청자 생산지가 큰 피해를 보았지. 이런 이유로 청자 제작 기술은 점차 쇠퇴했어.

▲ 청자로 만든 붓꽂이

일제 강점기에 청자를 지켜 낸 사람이 있다고?

일제 강점기, 일본인을 포함한 수많은 외국인이 고려청자를 비롯한 우리의 국가유산을 외국으로 가져갔어. 이때 자기 재산을 털어 해외로 빠져나간 청자를 다시 사 온 사람이 있어. 바로 전형필이야.

전형필은 우리나라의 국가유산을 지키는 데 평생을 바쳤어. 전형필의 노력 덕분에 청자뿐만 아니라 《훈민정음해례본》, 《신윤복 필 풍속도 화첩》 등 여러 국보급 국가유산들을 지켜 낼 수 있었지.

전형필이 사들인 대표적인 국가유산이 바로 '청자 상감 운학문 매병'이야. 그밖에도 청자 오리 모양 연적, 청자 기린형 뚜껑 향로, 청자 모자 원숭이 모양 연적 등 많은 고려청자를 지켜 냈어.

전형필은 '보화각'이라는 건물을 지어 이곳에 자신이 사들인 국가유산을 보관했어. 지금은 전형필의 호 '간송'에서 따온 '간송미술관'으로 이름이 바뀌었지. 간송미술관은 문화재 보존을 위해 1년에 2번, 정해진 기간에만 대중에게 개방돼. 전형필이 전 재산을 바쳐 지켜 낸 우리나라 국가유산이 궁금한 친구들은 가서 꼭 구경해 보렴.

▲ 간송 전형필

이자겸과 묘청이 난을 일으킨 이유는?

"감히 자기 생일을 인수절이라 부른다고? 있을 수 없는 일이야."
신하들은 모두 고개를 절레절레 저었어. 한 신하가 자기 생일에 왕실 사람들의 생일에만 붙이는 '-절'을 붙였거든. 그 주인공은 고려 국왕의 외할아버지이자 장인인 이자겸이었지. 이자겸은 날던 새도 떨어뜨릴 만큼 커다란 권력을 가진 사람이었어. 이자겸은 어떻게 권력을 잡게 되었을까? 또 어떤 결말을 맞았을까?

이자겸은 당시 고려에서 가장 큰 권력을 가지고 있던 경원 이씨 출신이야. 문종에게 딸을 세 명이나 시집보냈던 이자연의 손자이기도 하지. 이자겸 역시 할아버지처럼 딸을 왕에게 시집보냈어. 먼저 이자겸은 제16대 왕 예종에게 둘째 딸을 시집보냈어. 그 딸이 예종과의 사이에서 제17대 왕 인종을 낳았지. 그러니까 인종은 이자겸의 외손자였던 거야.

인종이 어린아이였을 때 아버지 예종이 갑자기 세상을 떠났어. 인종은 왕위를 호시탐탐 노리던 삼촌들 때문에 어렵게

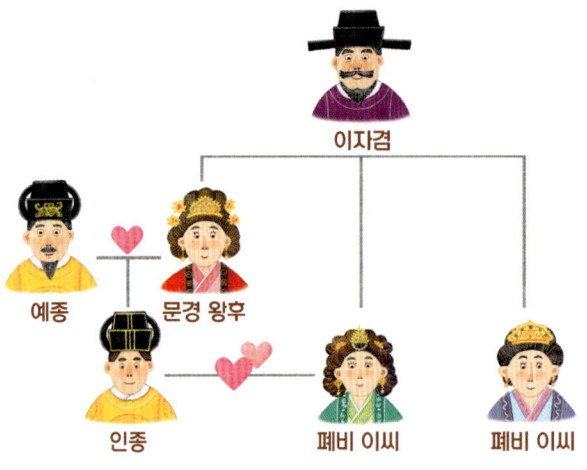

왕위에 올랐지. 이런 인종의 즉위를 도운 사람이 외할아버지인 이자겸이었어.

왕이 된 인종은 이자겸을 공신*으로 삼고 이자겸

공신
나라를 위해 특별한 공을 세운 신하를 말해.

에게 의지하며 나라를 다스렸어. 이자겸은 권력을 유지하기 위해 인종에게 셋째와 넷째 딸을 시집보냈어. 인종이 외손자이자 사위가 된 셈이지. 이자겸의 권력은 날로 커졌어.

하지만 이자겸이 왕을 무시하고 제멋대로 일을 처리하자 인종도 더 이상 두고 볼 수 없었어. 인종은 이자겸을 반대하던 신하들의 의견을 받아들여 이자겸을 따르는 신하들을 내쫓았지. 이 소식을 들은 이자겸은 반란을 일으켰어. 이 반란으로 개경의 궁궐이 잿더미가 되었지.

다급해진 인종은 자신의 왕위를 이자겸에게 넘겨주기로 했어. 하지만 이자겸은 왕이 되는 대신 인종을 자기 집에 가두고 나랏일을 마음대로 주물렀어. 심지어는 음모를 꾸며 인종을 독살하려 했지. 하지만 뜻을 이루지는 못했어.

그동안 인종은 이자겸과 같이 반란을 일으켰던 척준경이라는 장수

아, 나랏일은 모두 외할아버지이자 장인인 나에게 맡기시라니까요!

지금은 힘이 없지만 두고 보자!

를 설득해 자기편으로 만들었어. 그리고 머지않아 반란을 진압했지.

이자겸의 난은 진압되었지만 고려 조정은 한동안 어수선했어. 반란이 한창이었을 때 궁궐이 불타 버린 데다 이즈음 고려와 국경을 맞댄 여진이 무럭무럭 성장했거든. 1115년, 여진은 거란을 몰아내고 금나라를 세웠어. 그러고는 고려에 사신을 보내 금나라를 섬기라고 요구했지. 이때 승려 묘청과 몇몇 신하가 인종에게 의견을 내었어.

"개경의 땅 기운이 다하여 궁궐이 불타 없어졌습니다. 새롭게 왕의 기운이 올라오는 서경으로 도읍을 옮겨야 합니다."

"맞습니다. 서경에 궁궐을 짓고 도읍을 옮긴다면 금나라가 스스로 항복하고 다른 나라들도 고려의 신하가 될 것입니다."

인종은 이들의 주장을 받아들여 서경에 궁궐을 짓도록 했어. 서경은 바로 지금의 평양이야. 새로 궁궐이 완성되자 인종은 여러 번 서경으로 행차했지. 고려의 도읍이 서경으로 옮겨 갈 것처럼 보이자 여러 신하가 거세게 반대하고 나섰어. 바로 김부식을 비롯한 개경에 살고 있던 귀족들이야. 이들은 개경에 집과 땅 등을 많이 가지고 있었고 수도를 옮기면 자신들의 힘이 약해진다고 생각했지. 때마침 서경의 새 궁궐에 벼락이 치자 개경 귀족들은 이를 핑계로 왕이 서경으로 가는 것을 막았어. 인종은 이들 개경파의 거센 반대로 서경으로 가지

못했어. 게다가 서경에서 연이어 불이 나고 기상 이변이 일어나자 인종도 생각을 다시 하게 되었지. 묘청을 비롯한 서경파와 거리를 두게 된 거야.

이 소식을 들은 묘청은 결국 반란을 일으켰어. 묘청은 서경과 그 주변 지역, 그러니까 오늘날 평안도 지역을 차지하고 '대위국'이라는 나라를 세웠어.

인종은 김부식을 총사령관으로 임명하고 군대를 주어 반란을 진압하도록 했어. 묘청은 반란이 한창일 때 부하에게 죽임을 당했고, 반란은 일어난 지 1년 만에 끝났단다.

생각 톡톡

금나라는 어떤 나라일까?

금나라는 여진이 세운 나라로. 여진은 한반도 동북 지역에 흩어져 살던 민족이었어. 고려는 여진과 교류하며 여진의 부족장에게 관직을 주기도 했어.

여진과의 관계에 변화가 생긴 것은 12세기 무렵이야. 여진의 부족 중에 힘을 키운 세력이 생기면서 여진이 고려의 국경을 자주 침범했거든. 이때마다 고려군이 맞섰지만 기병을 앞세운 여진을 막는 데 어려움을 겪었어. 그러자 윤관은 여진에 대비한 새로운 부대를 만들자고 건의했어.

윤관의 건의가 받아들여져 별무반이 만들어졌어. 윤관은 별무반을 이끌고 여진의 근거지를 토벌하여 동북 9성을 쌓고 고려의 영토로 삼았지. 하지만 여진이 충성을 맹세하면서 땅을 돌려달라고 간청했어. 방어에 애를 먹었던 고려는 동북 9성을 여진에게 되돌려주었지.

그 후 여진은 점점 더 세력을 키워 마침내 금나라를 세우고 거란까지 멸망시켰어. 금나라는 처음에는 고려에 형제 관계를 요구했지만, 점차 자신들을 큰 나라로 섬기라고 압박했지. 하지만 당시 권력을 잡고 있던 이자겸은 금나라의 요구를 들어주고 말았단다.

▲ 〈척경입비도〉
윤관이 동북 9성을 개척하고 고려의 영토임을 알리는 비석을 세우는 모습으로 조선 후기에 그린 그림이야.

무신이
정권을 잡았다고?

"아무리 문신이라 해도 대장군에게 이렇게 무례할 수 있는가?"
문신 김돈중이 무신 정중부의 수염을 불태우는 사건이 일어났어. 정중부가 안절부절못하며 불을 끄려 하는 모습에 김돈중은 깔깔거리며 비웃었지. 정중부는 언젠가 이 원한을 갚고 말겠다고 다짐했어. 무신을 무시하는 문신들에게 본때를 보여 주겠다고 말이지.
이 사건은 이후 고려를 어떻게 바꾸었을까?

고려 제18대 왕 의종이 신하들과 함께 보현원이라는 절에 가던 길이었어. 도중에 의종은 신하들을 불러 술자리를 가졌지. 술자리가 무르익자 의종은 무술 시합을 열었어. 이때 대장군 이소응이 젊은 무신과 시합을 벌였어. 나이가 많았던 이소응은 젊은 무신에게 밀려 뒤로 나동그라졌지.

이때 큰 소리가 시합장에 퍼졌어. 시합을 보고 있던 문신 한뢰가 이소응의 뺨을 때렸던 거야. 한뢰는 나이가 어렸고 이소응보다 물론 관직도 훨씬 낮았어.

한뢰가 벌인 무례한 행동에 무신들은 모두 굳어 버렸어. 하지만 의종과 문신들은 이를 꾸짖기는커녕 웃기 바빴어. 이내 화가 머리끝까지 난 무신 정중부가 한뢰의 멱살을 잡고 크게 꾸짖었지. 의종은 깜짝 놀라 정중부에게 한뢰를 풀어 주라고 명령했어. 물론 시합은 어색한 분위기 속에서 끝나 버렸지. 한뢰는 아무런 처벌도 받지 않았단다.

정중부와 여러 무신들은 이런 차별과 무시를 더는 참을 수 없었어. 이번 사건뿐만 아니라 무신에 대한 차별이 계속되어 왔거든. 그래서

 어린 문신인 김돈중이 대장군 정중부의 수염을 불태우는 일도 벌어졌던 거지. 분노한 무신들은 의종 일행이 보현원에 도착하면 문신들에게 본때를 보여 주기로 했어. 무신들은 문신들보다 먼저 보현원에 가서 몸을 숨겼어. 그리고 몇 시간 뒤 의종이 행차하기 무섭게 바로 행동에 나섰지.
 무신들은 보현원을 헤집으며 문신을 하나둘 잡아 죽이기 시작했어. 문신들은 겁에 질려 도망 다니기 바빴지. 몇 시간 전 무신을 비웃었

던 한뢰도 붙잡혀 목숨을 잃었어. 몇몇 문신만이 간신히 목숨을 건져 개경으로 도망갔지. 무신들은 의종을 위협해 개경으로 향했어.

이 사건이 바로 '무신 정변'이야. 개경으로 간 문신들은 궁궐에 머물던 50여 명의 문신들마저도 없애 버렸지.

권력을 장악한 무신들은 의종을 왕위에서 끌어내리고 멀리 유배를 보냈어. 그리고 의종의 동생을 왕으로 즉위시켰지. 무신들은 이후 약 100년 동안 권력을 차지하고 나라를 다스렸어.

무신들은 고려 초부터 차별 대우를 받았어. 문신을 중심으로 정치가 운영되었거든. 그래서 문신은 나라의 최고 관직까지 승진할 수 있었지만, 무신은 그러지 못했어. 군대의 최고 지휘권마저도 무신이 아닌 문신이 차지했지.

하급 군인의 불만도 컸어. 이들은 나라를 지키는 대가로 땅을 받아 생활했는데, 의종이 왕이 될 무렵에 하급 군인들은 땅을 제대로 받지 못했어. 게다가 여러 가지 공사에 동원되어 힘든 나날을 보내고 있었지. 이렇게 조금씩 쌓여 왔던 무신들의 불만이 마침내 무신 정변으로 폭발한 거야.

무신 정권은 초반에는 안정을 찾지 못했어. 무신 정변을 이끌었던 지도자들이 권력을 두고 다투었거든. 서로 죽고 죽이는 과정에서 최고 집권자가 계속 바뀌었어.

이 혼란 속에서 성공적으로 권력을 차지한 사람은 최충헌이었어. 최충헌도 이전 무신 집권자들이 그랬던 것처럼 전임자를 죽이고 고려의 최고 권력자가 되었지.

최충헌은 개혁을 선언하고 이전 무신 집권자와 다른 길을 걸을 것처럼 굴었어. 하지만 개혁은커녕 자신의 권력을 키우는 데에만 집중했지. 최충헌은 자신이 사는 곳을 궁궐 못지않게 꾸미며 마치 왕처럼

행동했어.

최충헌이 죽은 후에는 아들 최우가 권력을 이어받았어. 최우가 세상을 떠난 후에도 그 아들과 손자가 대대로 권력을 거머쥐고 고려를 뒤흔들게 되었단다.

최씨 무신 정권 시대?

무신 정변이 일어나고 무신 정권은 100년간 이어졌어. 정변 직후 무신들은 누가 최고 권력자가 될 것인가를 두고 끊임없이 싸웠어. 그래서 권력자를 죽이고 권력을 차지하는 싸움이 반복되었지.

이런 혼란은 최충헌이 권력을 잡으면서 그쳤어. 최충헌은 나라를 잘 다스리기 위해 문신들이 필요하다고 생각하고 문신들을 등용했어. 교정도감이라고 하는 기관을 만들어서 자신들의 권력을 위해 활용했지. 그의 뒤를 이은 아들 최우는 자기 집에 정방을 설치해서 관리들을 임명했어. 그 결과 앞선 권력자들보다 안정적으로 권력을 유지할 수 있었지. 최씨 집안의 집권은 이후로도 이어져 4대에 걸쳐 60여 년 동안 지속되었어. 이 시기를 '최씨 무신 정권'이라고 한단다.

농민과 천민은
왜 봉기를 일으켰을까?

"뭐라고? 명학소에 있던 백성들이 봉기를 일으켰다고?"
무신이 정권을 잡은 지 6년쯤 흘렀을 때야. 1176년, 공주 명학소에서 봉기가 일어났어. 봉기를 일으킨 사람들의 이름을 따 '망이·망소이의 난'이라고 불렀지. 무신 정권 시기에는 망이·망소이의 난 말고도 여러 차례에 걸쳐 백성들의 봉기가 일어났어.
백성들은 왜 봉기를 일으킨 것일까?

백성들의 삶은 무신 정변이 일어나기 전부터 어려웠어. 흉년이 들어 농사를 지을 수 없어도 나라에 꼬박꼬박 세금을 내야 했거든. 게다가 세월이 흐르면서 관직에서 물러나도 나라에서 받은 땅을 돌려주지 않고 자식에게 물려주는 귀족이 늘어났어. 그래서 나눠 줄 땅이 부족하게 되었지. 이를 메우기 위해 나라에서는 이미 세금을 내고 있던 농민들에게 더 많은 세금을 내도록 했어. 농민들에게는 억울한 일이었지.

무신 정변이 일어나자 백성들은 세상이 조금 더 좋아질 것이라 기대했어. 그러나 무신도 고려 전기의 귀족과 마찬가지였어. 정해진 양보다 많은 세금을 거둬 가는 건 똑같았지. 무신들은 여기서 그치지 않고 백성의 땅을 강제로 빼앗아 자기 농장으로 만들었어. 결국 분노한 백성들은 봉기를 일으켰어.

백성들의 봉기는 무신 정권이 세워진 후 30여 년 동안 계속되었어. 그중 대표적인 것이 '망이·망소이의 난'이야.

망이와 망소이는 형제로 '명학소'라는 특수 행정 구역에서 살았어.

 향, 소, 부곡 등에 사는 사람은 일반 행정 구역인 군이나 현에 사는 사람에 비해 많은 차별을 받았지. 일단 막대한 세금을 내야 했고, 이사도 마음대로 갈 수 없었어.

 명학소 사람들은 망이, 망소이와 함께 차별을 없애 달라며 봉기를 일으켰어. 고려 조정이 서둘러 군대를 보내 진압하려 했지만 봉기군의 기세에 눌려 패배했지. 이에 정부는 명학소를 충순현으로 높여 준다고 약속했어. 망이와 망소이는 봉기를 멈췄지.

 하지만 형제는 곧 바로 두 번째 봉기를 일으켰어. 고려 조정이 두 사람을 속이고 가족을 가두었거든. 하지만 망이, 망소이가 일으킨 두 번째 봉기는 정부군에 진압되고 말았어.

1198년, 개경에서는 사람들을 깜짝 놀라게 한 사건이 일어났어. 최충헌의 노비였던 만적이 봉기를 일으키려다 계획이 들통난 거야. 만적은 나무를 하기 위해 올라간 산에서 노비들을 모아 놓고 이렇게 말했어.

▲ **명학소 민중 봉기 기념탑과 동상**
충청남도 공주 명학소에서 일어난 망이·망소이의 난을 기리는 탑이야.

"무신 정변 이후 천민 출신도 높은 벼슬에 올랐어. 정승이나 장군이 될 수 있는 사람이 따로 있는 것이 아니야. 누구나 때를 잘 만나면 할 수 있지. 우리도 이번 기회에 세상을 뒤엎어 보자."

이 이야기를 들은 노비들은 만적과 함께 행동하기로 했어. 노비 문서를 불태우고 양인의 신분이 되자고 말이야. 만적과 노비들은 정해진 날 흥국사에 모여서 봉기하기로 했어. 그런데 막상 그날 모인 노

비의 수는 수백 명에 불과했어. 봉기를 일으키기에 숫자가 부족하다고 생각한 만적은 4일 뒤 다시 모이기로 하고 흩어졌지. 하지만 만적의 계획은 성공하지 못했어. 한 노비가 자기 주인에게 이 일을 털어놓았거든.

이 소식은 최충헌의 귀에 들어갔어. 최충헌은 만적을 비롯하여 봉기에 참여한 100여 명의 노비를 잡아들여 강에 던져 버렸어.

그 외에도 지배층에게 오랫동안 억눌려 살아왔던 하층민들이 무신 정권 시기에 많은 봉기를 일으켰어. 하지만 반란은 성공을 거두지 못했고 백성의 삶과 불평등한 제도들은 바뀌지 않았단다.

무신 정권기에 일어난 또 다른 봉기는 무엇이 있을까?

1182년, 전주에서 노비들이 봉기를 일으켰어. 이들은 관청에 소속된 노비로 지방관이 지나치게 일을 시키는 것에 반발해 들고일어났지. 망이·망소이의 봉기처럼 이 사건도 난을 일으킨 사람의 이름을 따 '죽동의 난'이라고도 불러.

1193년에는 경상도 두 곳에서 농민 봉기가 일어났어. 봉기를 일으킨 사람은 운문(경상북도 청도)의 김사미와 초전(울산)의 효심이었지. 두 사람은 힘을 합쳐 무신 정권에 맞섰지만, 결국은 둘 다 진압되었어.

생각 톡톡

▲ 무신 정권 시기에 일어난 농민과 천민의 봉기

연표

- 900년 견훤, 후백제 건국
- 901년 궁예, 후고구려 건국
- 918년 왕건, 고려 건국
- 958년 광종, 과거제 실시
- 993년 서희의 외교 담판
- 1019년 강감찬, 귀주 대첩
- 1126년 이자겸의 난
- 1135년 묘청의 서경 천도 운동
- 1145년 김부식 《삼국사기》 편찬

926년
발해 멸망

935년
신라 멸망

956년
광종, 노비안검법 시행

936년
고려, 후삼국 통일

1198년
만적의 난

1170년
무신 정변

찾아보기

《논어》 ……………………………………… 37	묘청 ………………………… 81, 84, 85, 102
	발해 …………………… 11, 19, 20, 25, 40, 103
간송미술관 ……………………………… 80	벽란도 ……………… 59, 60, 61, 62, 63, 64, 65
강감찬 ……………………………… 43, 44, 102	
강동 6주 …………………………………… 42, 43	사심관 ……………………………………… 24
건원중보 …………………………………… 68, 70	삼한통보 …………………………………… 71
견훤 ………………………………… 9, 10, 12	상감청자 ………………………………… 76, 77
공복 ………………………………………… 31	서경 ……… 18, 37, 39, 42. 43, 45, 62, 84, 85, 101, 102
과거제 …………………………………… 27, 30, 32	
광종 …………………………… 27, 28, 30, 31, 32	서희 ………………………… 32, 41, 42, 43, 102
국자감 …………………………………… 32, 36	성균관 ……………………………………… 32
궁예 ………………………… 9, 10, 11, 14, 102	소손녕 …………………………………… 41, 42
귀주 대첩 ………………………………… 43, 44	송악 …………………………………… 11, 14, 15
금성 ……………………………… 10, 15, 18, 19	시무 28조 ………………………………… 35, 37
기인 제도 ………………………………… 24	시지 ………………………………………… 55
	쌍기 ………………………………………… 30
노비안검법 ……………………………… 29, 103	
	양민 ………………………………………… 29
명학소 …………………………… 95, 96, 97, 98	연등회 …………………………………… 50, 51

왕건	10, 14, 15, 16, 17, 18, 19, 21, 22, 23, 24, 25, 28, 37, 41, 65, 102	해동중보	71
		해동통보	71
외교 담판	32, 42, 43, 102	호족	9, 10, 12, 16, 19, 22, 23, 24, 28, 29, 30, 31, 34, 37, 52
유민	20		
음서	54, 56	후고구려	7, 9, 10, 11, 14, 102
의천	47, 48, 49, 70	후백제	10, 11, 12
이자겸	57, 81, 82, 83, 84, 86, 102	후삼국 시대	11, 18, 37

전지	55
진성 여왕	8

천리장성	45
촌주	12
최승로	33, 35, 36

태조	22, 24, 25, 28, 35, 37, 50, 65

팔관회	63. 65
포석정지	15

사진 저작권

10 견훤산성(게티이미지코리아)

15 경주 포석정지(국가유산청)

19 왕건 청동상(게티이미지코리아) | 태조 왕건의 무덤(게티이미지코리아)

20 개성 만월대(게티이미지코리아)

30 장양수 홍패(국가유산청)

32 개성 성균관(게티이미지코리아)

40 거란인(퍼블릭도메인) | 거란의 글씨가 새겨져 있는 청동 거울(국립중앙박물관)

48 대각 국사 의천(국가유산청)

52 논산 관촉사 석조 미륵보살 입상(게티이미지코리아)

63 배가 그려진 고려의 청동 거울(국립중앙박물관)

68 건원중보(국립중앙박물관)

70 은병(화폐박물관)

71 해동통보(국립중앙박물관) | 해동중보(국립중앙박물관) | 삼한통보(국립중앙박물관)

72 송나라의 지폐 교자(퍼블릭도메인) | 원나라의 지폐 교초와 그 인쇄판(PHGCOM)

74 전라남도 강진의 고려청자 가마터(국가유산청)

77 청자 상감 운학문 매병(국가유산청)

78 청자로 만든 연적(국립중앙박물관) | 청자로 만든 베개(국립중앙박물관)

79 청자로 만든 붓꽂이(국립중앙박물관)

80 간송 전형필(간송미술관)

86 척경입비도(퍼블릭도메인)

98 명학소 민중 봉기 기념탑과 동상(게티이미지코리아)

* 이 책에 쓴 사진은 해당 사진을 보유하고 있는 단체와 저작권자의 허락을 받았습니다.
* 저작권자를 찾지 못해 사용 허락을 받지 못한 사진은 저작권자를 확인하는 대로 허락을 받고, 출처를 표시하며 통상의 사용료를 지불하겠습니다.

생각을 여는 처음탄탄 한국사 03

초판 1쇄 발행 2024년 09월 02일

글 김현숙　**그림** 김효주
발행처 주식회사 스푼북　**발행인** 박상희　**총괄** 김남원
편집 길유진 김선영 박선정 김선혜
디자인 이지숙 권수아 정진희　**마케팅** 구혜지 박미소
출판신고 2016년 11월 15일 제2017-000267호
주소 (03993) 서울시 마포구 월드컵북로6길 88-7 ky21빌딩 2층
전화 02-6357-0050(편집) 02-6357-0051(마케팅)
팩스 02-6357-0052　**전자우편** book@spoonbook.co.kr

ⓒ 김현숙, 김효주 2024
ISBN 979-11-6581-550-9 (73910)

* 저작권법에 의하여 한국 내에서 보호를 받는 저작물이므로 무단 전재와 무단 복제를 금합니다.
* 잘못 만들어진 책은 구입하신 곳에서 바꾸어 드립니다.

제품명 생각을 여는 처음탄탄 한국사 03	**⚠ 주 의**
제조자명 주식회사 스푼북 ǀ **제조국명** 대한민국 ǀ **전화번호** 02-6357-0050 **주소** (03993) 서울시 마포구 월드컵북로6길 88-7 ky21빌딩 2층 **제조년월** 2024년 09월 02일 ǀ **사용연령** 10세 이상 ※ KC마크는 이 제품이 공통안전기준에 적합하였음을 의미합니다.	아이들이 모서리에 다치지 않게 주의하세요.